sh

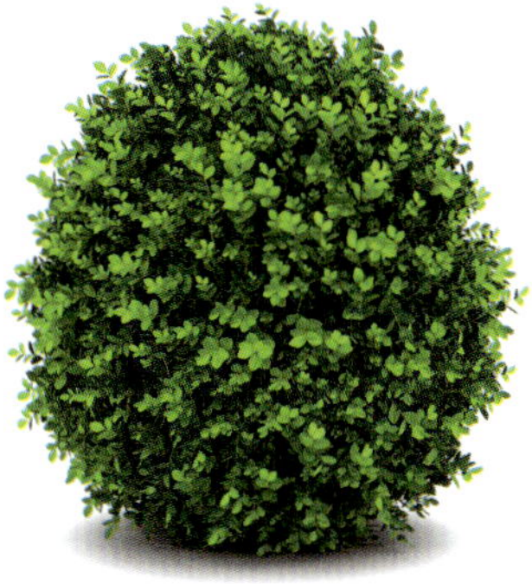

Ransom

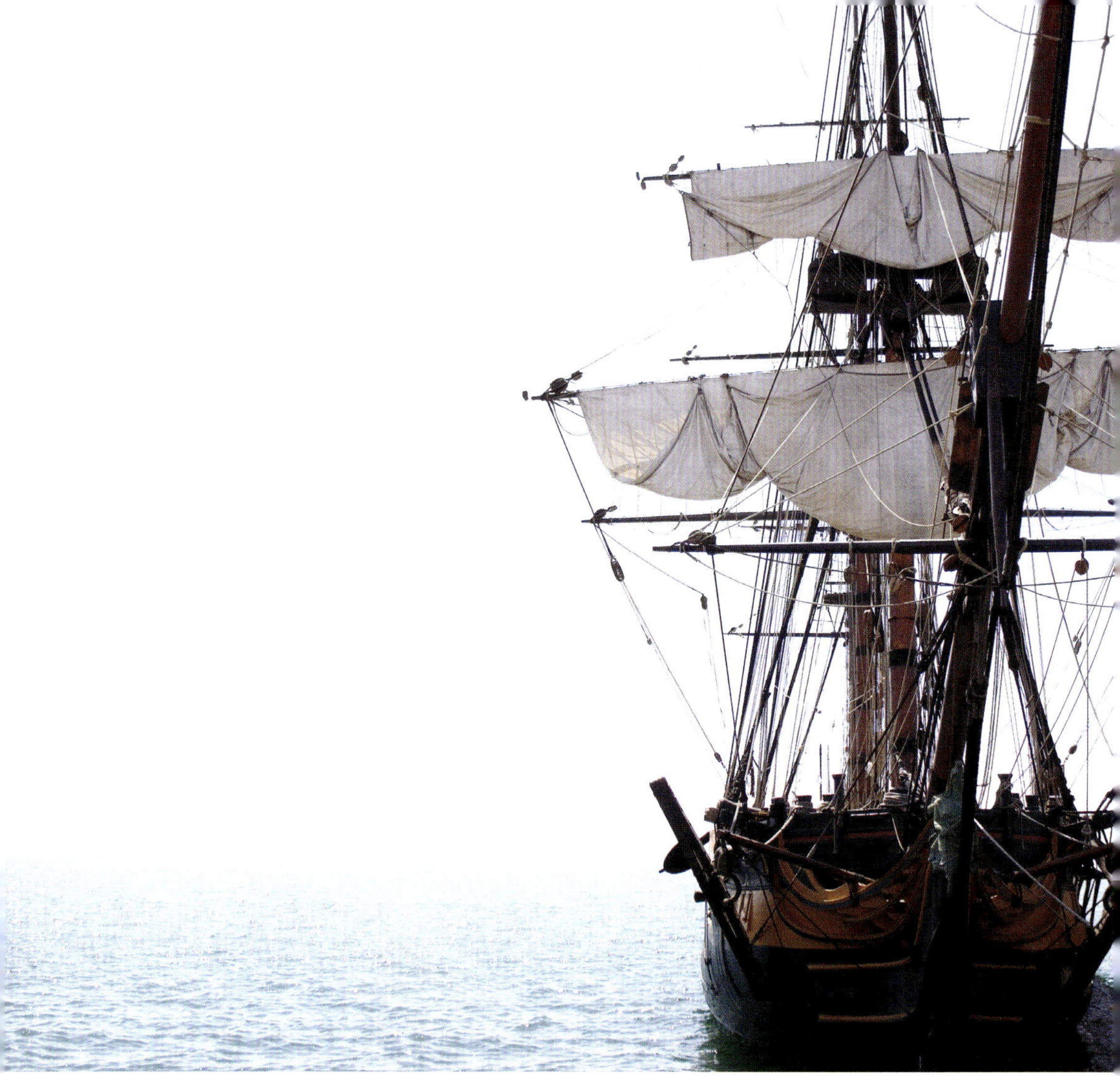

ship

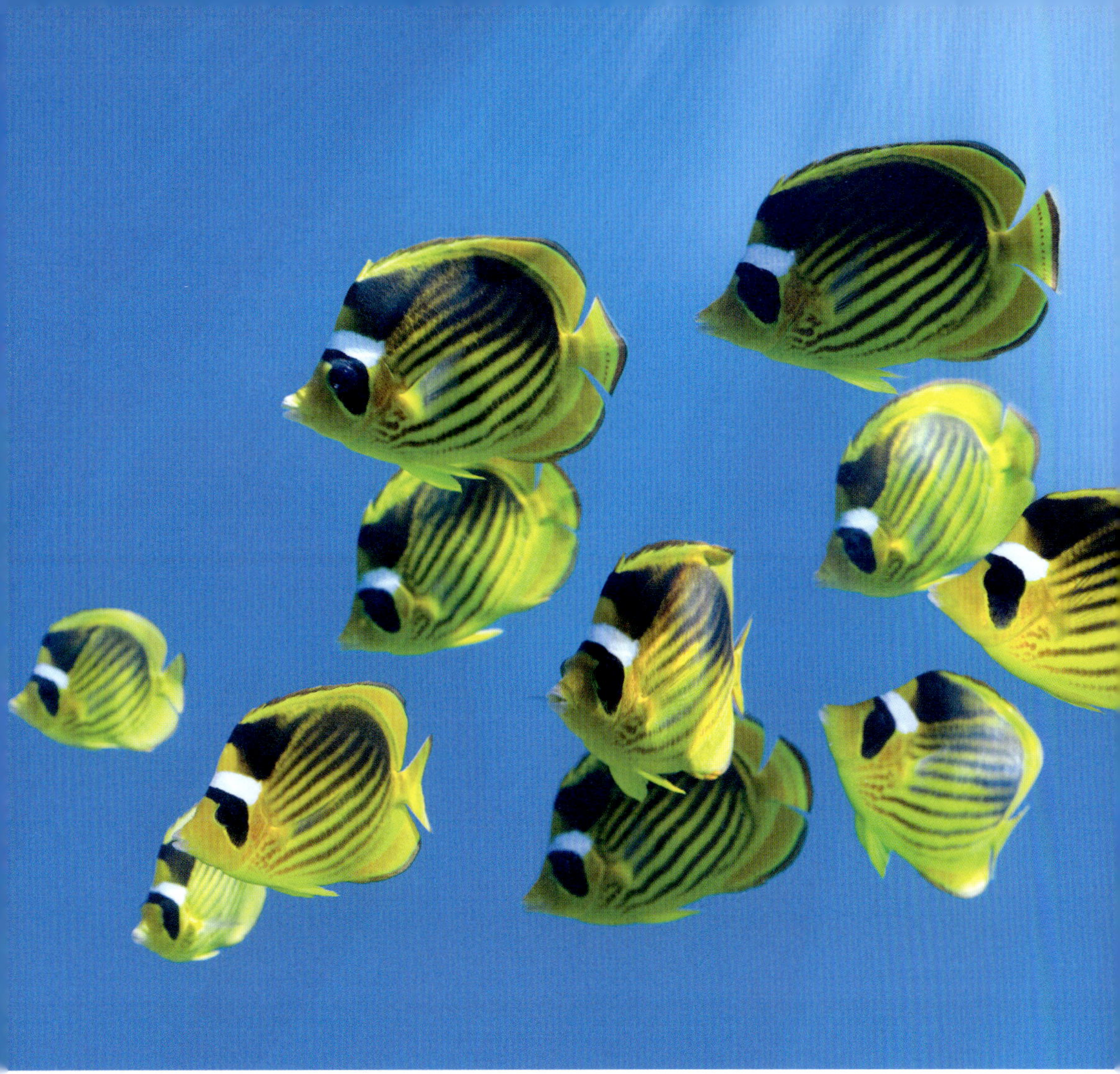

fish

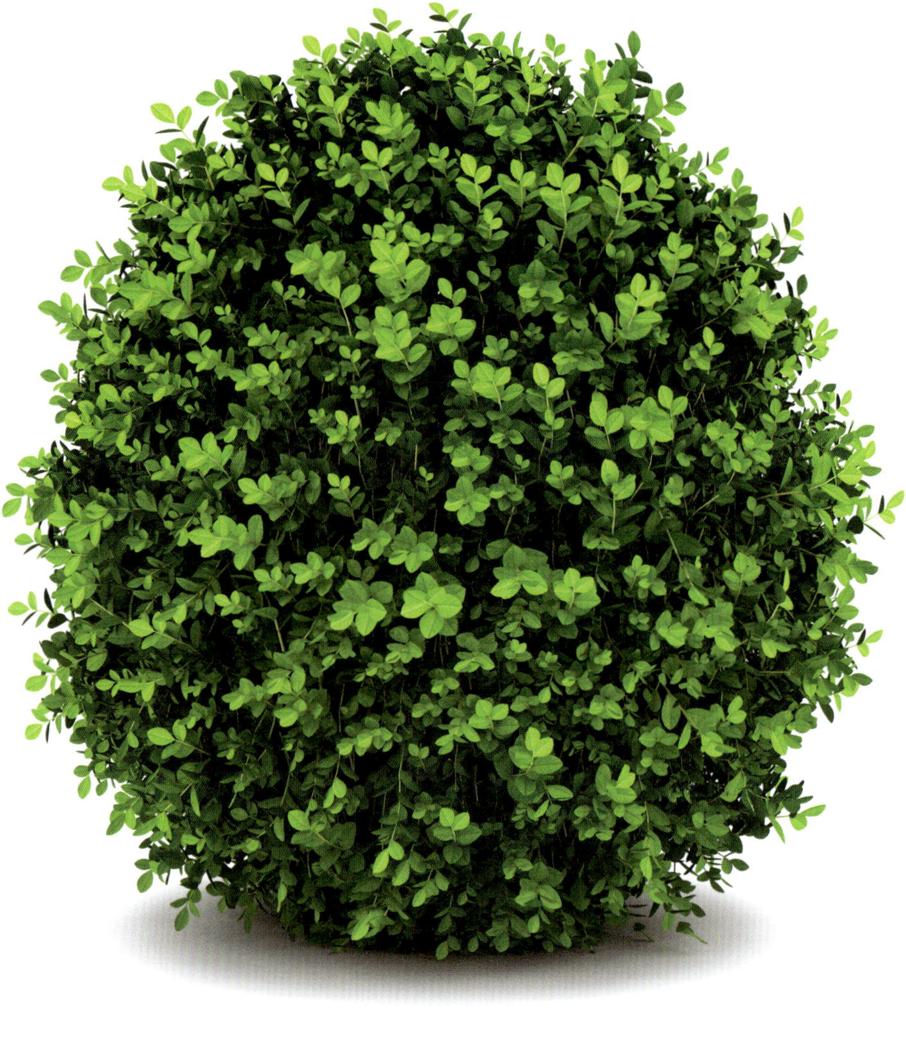

bush

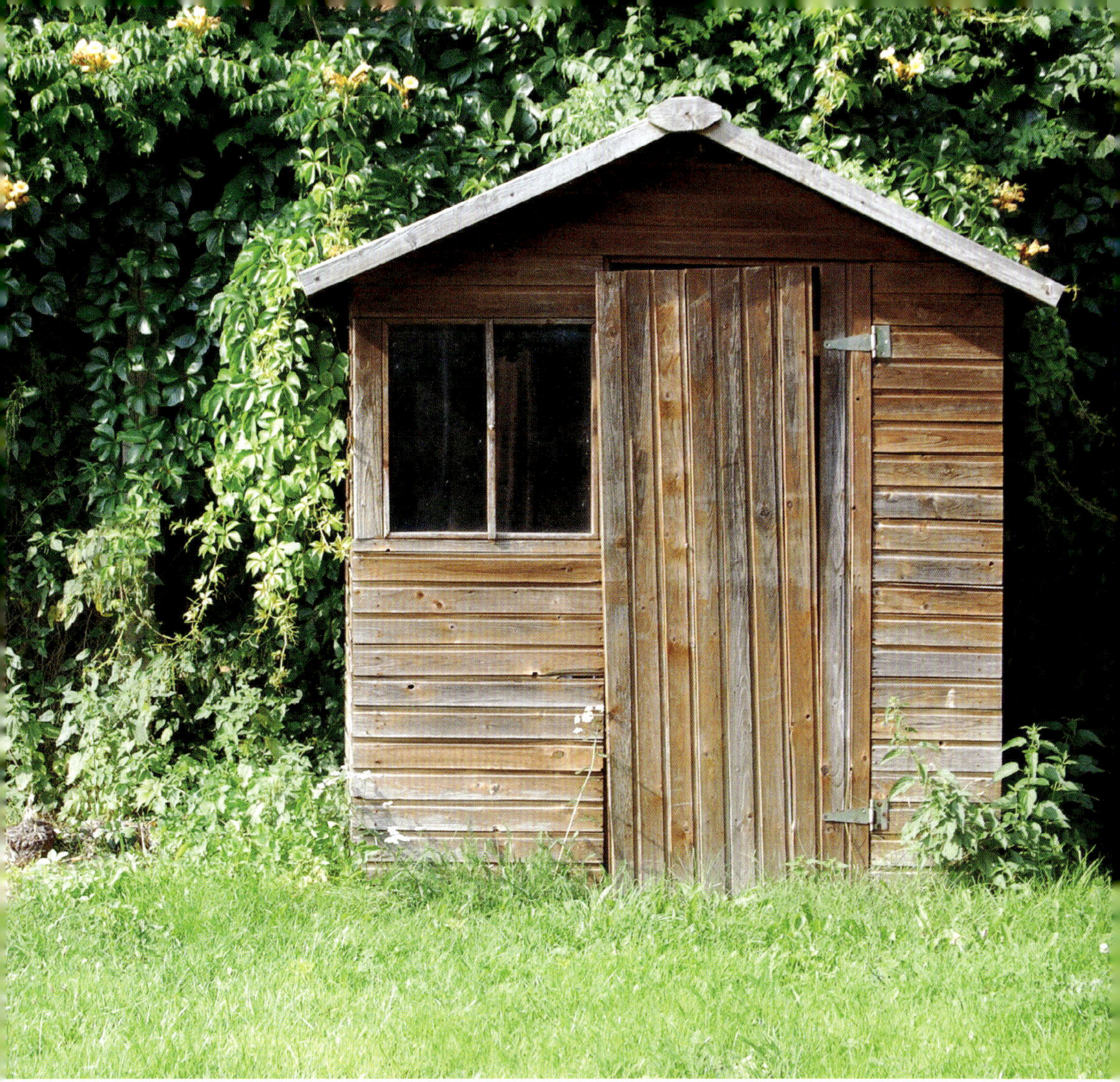

shed

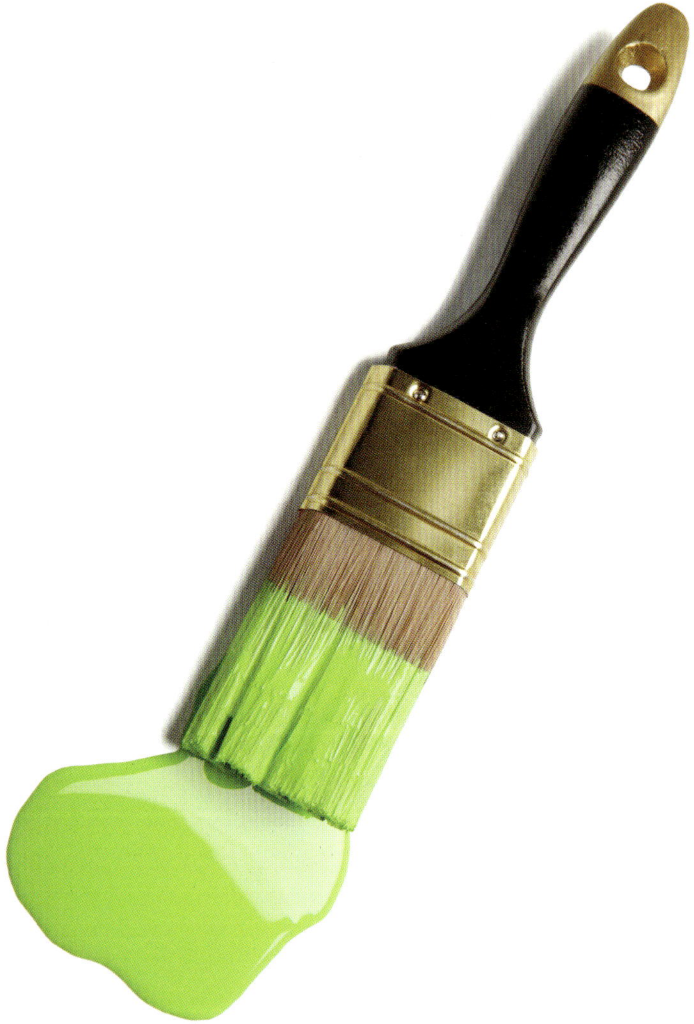

brush

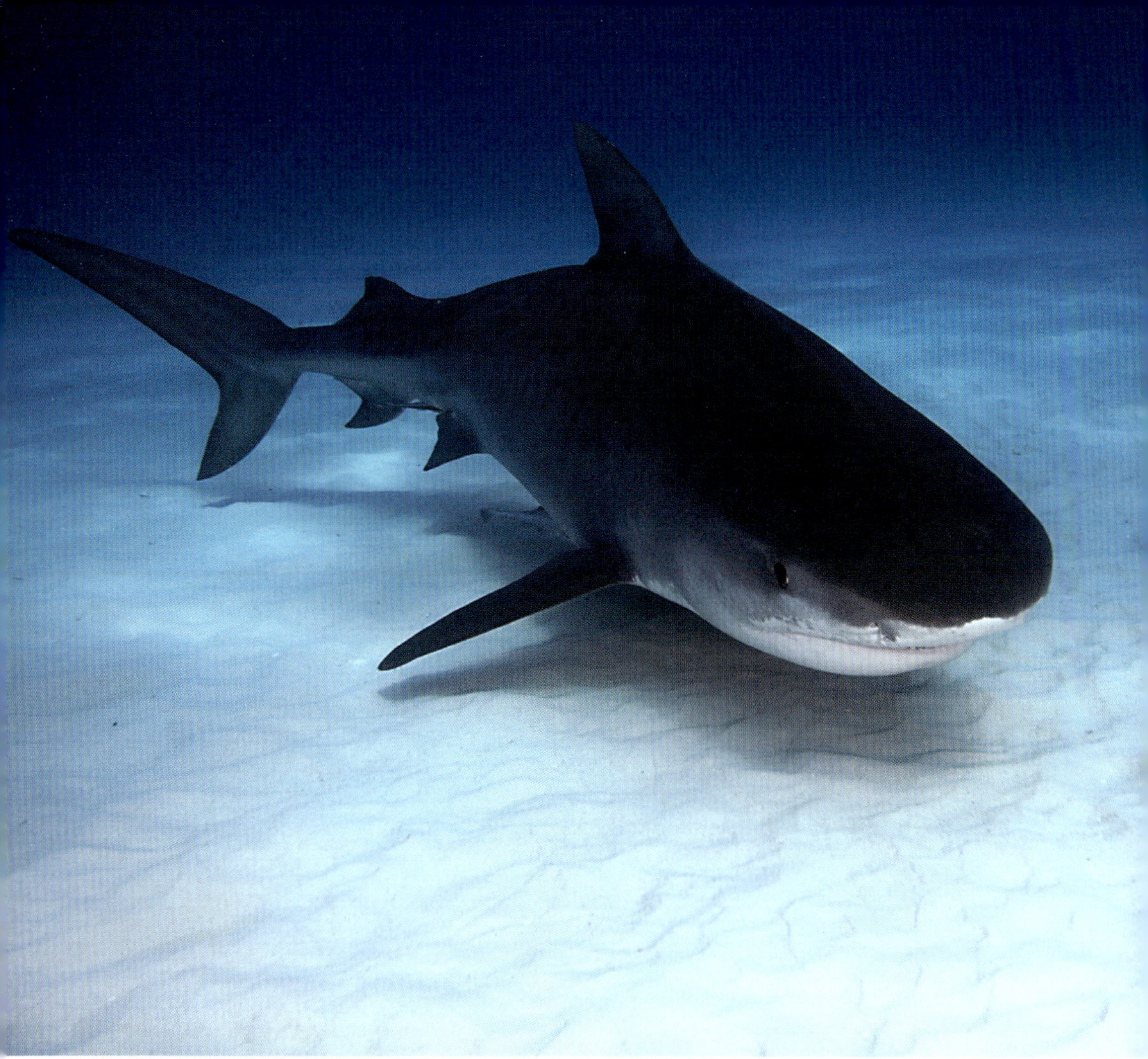

shark

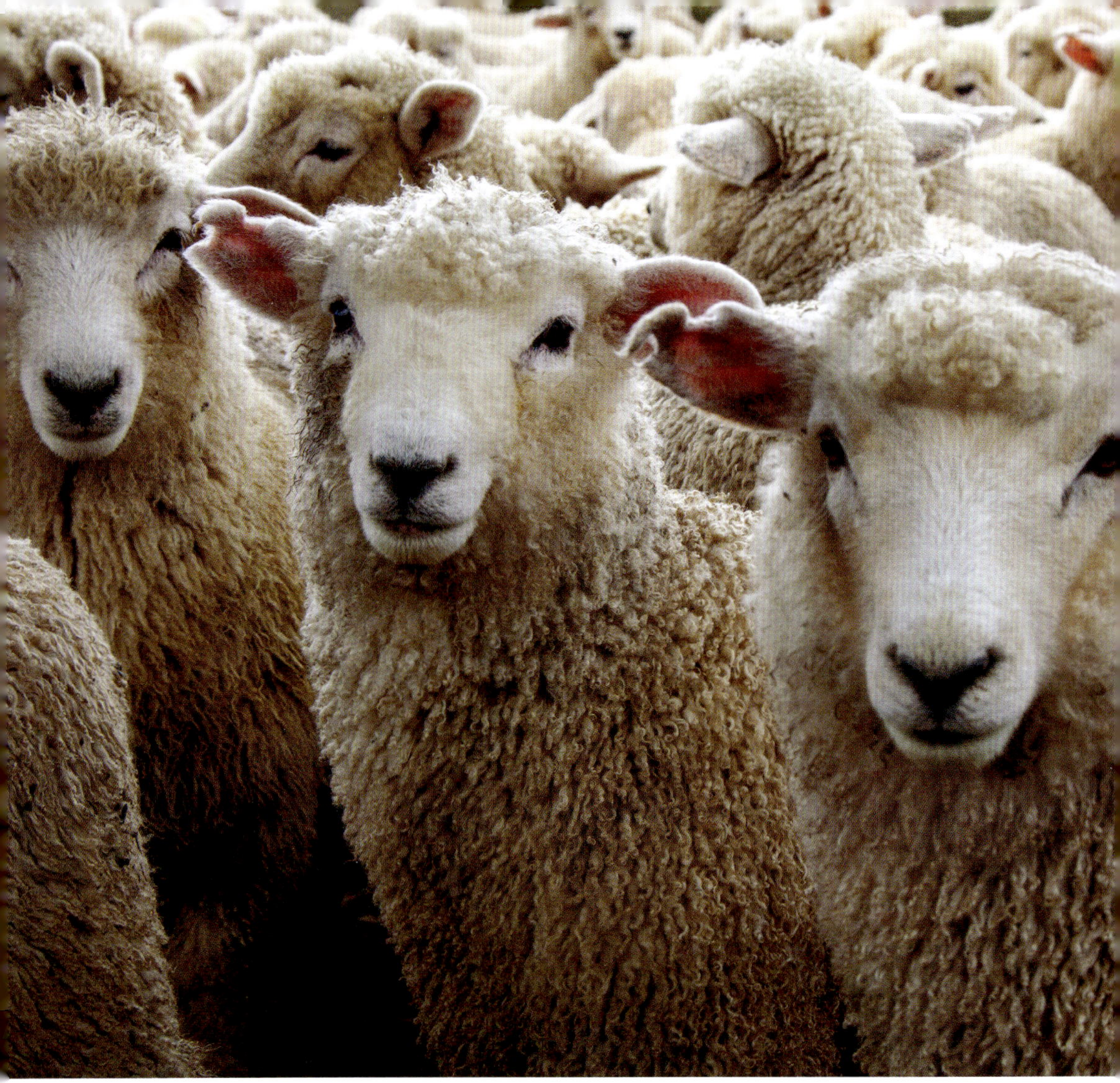

sheep

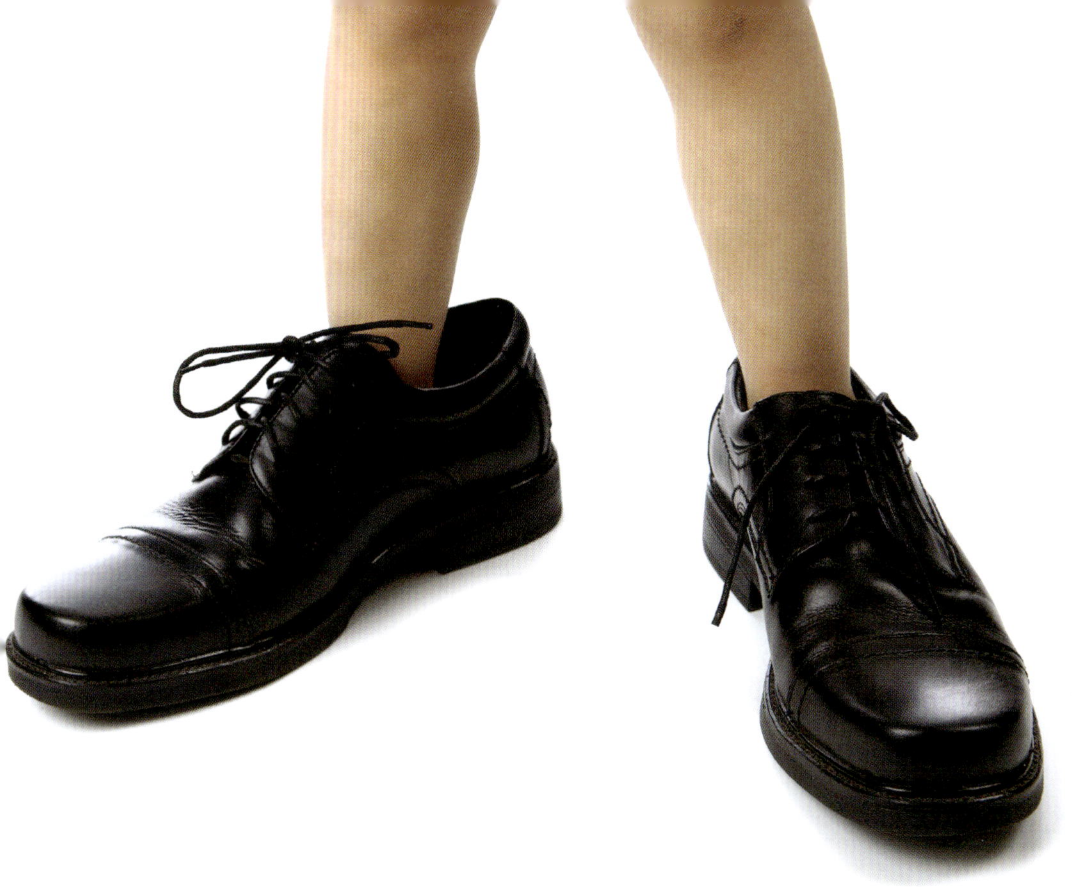

shoes

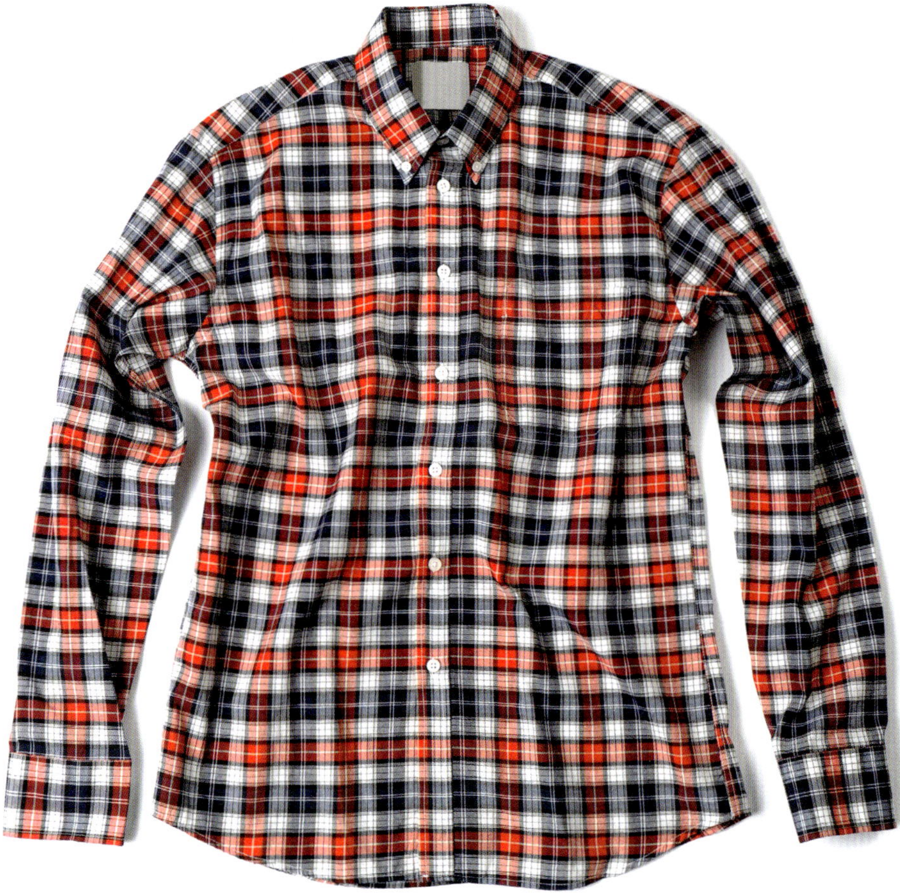

sh sh

sh sh

sh

ship

fish

bush

shed

brush

shark

sheep

shoes